BEI GRIN MACHT SICH IHR WISSEN BEZAHLT

- Wir veröffentlichen Ihre Hausarbeit, Bachelor- und Masterarbeit

- Ihr eigenes eBook und Buch - weltweit in allen wichtigen Shops

- Verdienen Sie an jedem Verkauf

Jetzt bei www.GRIN.com hochladen und kostenlos publizieren

Bibliografische Information der Deutschen Nationalbibliothek:

Die Deutsche Bibliothek verzeichnet diese Publikation in der Deutschen National-
bibliografie; detaillierte bibliografische Daten sind im Internet über http://dnb.d-
nb.de/ abrufbar.

Impressum:

Copyright © 2015 GRIN Verlag, Open Publishing GmbH
Druck und Bindung: Books on Demand GmbH, Norderstedt Germany
ISBN: 978-3-668-04501-9

Dieses Buch bei GRIN:

http://www.grin.com/de/e-book/306618/integration-von-hadoop-in-die-data-
warehouse-architektur

Martin Sünder

Integration von HADOOP in die Data-Warehouse-Architektur

GRIN Verlag

GRIN - Your knowledge has value

Der GRIN Verlag publiziert seit 1998 wissenschaftliche Arbeiten von Studenten, Hochschullehrern und anderen Akademikern als eBook und gedrucktes Buch. Die Verlagswebsite www.grin.com ist die ideale Plattform zur Veröffentlichung von Hausarbeiten, Abschlussarbeiten, wissenschaftlichen Aufsätzen, Dissertationen und Fachbüchern.

Besuchen Sie uns im Internet:

http://www.grin.com/

http://www.facebook.com/grincom

http://www.twitter.com/grin_com

Integration von HADOOP in die Data-Warehouse-Architektur

Martin Sünder

2015

Inhalt

1. Einleitung 3

    1.1. Einleitung 3

    1.2. Problemstellung 5

    1.3. Ziel..5

    1.4. Vorgehensweise 5

2. Grundlagen zu Hadoop 6

    2.1. Technische Einführung Hadoop 6

        2.1.1. Hadoop Distributed File System (HDFS)....................7

        2.1.2. MapReduce...8

        2.1.3. Yarn (Yet another Resource Negotiator)...................9

3. Einsatzmöglichkeiten von Hadoop..10

    3.1. Einleitung für Einsatzmöglichkeiten Hadoop....................10

    3.2. Data Staging..10

    3.3. Datenarchivierung 11

    3.4. Polystrukturierte Daten 11

4. Integration von Hadoop in ein Data Warehouse 11

    4.1. Integration von Hadoop in ein Data Warehouse 11

        4.1.1. Standalone..12

        4.1.2. Pseudodistributed 12

        4.1.3. Fully Distributed 13

5. Fazit..13

6. Quellenangaben 15

    6.1. Onlinequellen..15

    6.2. Literaturverzeichnis 16

Abbildungsverzeichnis

Abbildung 1: Hadoop-Dateisystem im Architektur-Schema (Eigene Darstellung) 8

1. Einleitung

1.1. Einleitung

Durch den ständig ansteigenden Informationsbedarf in den Unternehmen und das Erkennen der Wichtigkeit der Unternehmensdaten, bauten ins besonders große Unternehmen in den letzten 40 Jahren komplexe und heterogene IT-Infrastrukturen auf.[1] Die zunehmende Globalisierung der Unternehmen, mit der daraus verstärkten Konkurrenzsituation für nationale und international agierende Unternehmen, verstärkte den Bedarf an Informationen und damit auch die Datenmenge die für ein Unternehmen entscheidungsrelevant werden. Diese Situation wird durch die moderne Kommunikationstechnik mit ihren mobilen und internetfähigen Geräten, begünstigt. „Dort, wo Wirtschaft betrieben wird fallen auch Daten an, die gesammelt, gespeichert und verwaltet werden müssen."[2] Die Unternehmen sind gezwungen, schnelle und richtige Entscheidungen, aufgrund der vergangenheitsbezogenen und zukunftsbezogenen Daten zutreffen. Alle Unternehmen versuchen sich durch eine schnelle Aufbereitung und Analyse der Daten einen Wettbewerbsvorteil zu verschaffen. „Um unternehmensinterne und -externe Veränderungen frühzeitig erkennen und gegebenenfalls sogar prognostizieren zu können, müssen den Entscheidungsträgern aller Unternehmensbereiche zum richtigen Zeitpunkt alle relevanten Daten und Informationen zur Verfügung stehen."[3] Damit die Entscheidungsprozesse vereinfacht werden, wurden Decision - Support- Systeme (DSS) und Controlling Systeme entwickelt.[4] Durch die meist in den Unternehmen vorhandene heterogene IT Infrastruktur, müssen für die Erstellung der Berichte an das Topmanagement, Datenbestände zusammengeführt und aufbereitet werden.[5]

---

[1] Vgl. Lenz R., Hasenkamp U., Hasselbring W., Reichert M., (2005), Seite 59
[2] Geisler F., (2014), Seite 393
[3] Prof. Dr. Seufert A., Prof. Dr. Lehmann P., Seite 7
[4] Vgl. Geisler F., (2014), Seite 393
[5] Vgl. Hansen H., Mendling J., Neumann P., (2015), Seite 280

„Das Data Warehouse ist ein Ansatz zur Lösung dieser Probleme; es bietet eine Entscheidungsdatenbasis für alle Mitarbeiter eines Betriebes."[6] Die Geschäftsdaten aus allen Datenquellen werden zyklisch in das Data Warehouse geladen. Dadurch sind im Data Warehouse die Geschäftsdaten von einem langen Zeitraum abgelegt. Die Auswertungen in einem Data Warehouse können immer nur bis zum letzten Importzeitpunkt durchgeführt werden. Durch die Steigerung der Datenmenge und die Benutzung von langen vergangenheitsbezogenen Zeiträumen für Prognosen und Berichte, sinkt die Performance und die Zeiträume in dem die Berichte erstellt werden, steigt deutlich an. Bei einem sehr hohen und unstrukturierten, mit nicht standardisierten Datenvolumen, wird die Skalierung eines Data Warehouse sehr problematisch. Daraus entsteht bei einem klassischen Data Warehouse ein weiteres Problem, die Performance, und die damit in Korrelation stehende Verarbeitungsgeschwindigkeit zur Erstellung von unternehmensweiten Analysen und Berichten. „Viele Unternehmen erzeugen heute riesige Mengen an Daten, und die wollen diese viel schneller als früher auswerten. Der klassische Data-Warehouse-Ansatz stößt in diesem Umfeld schnell an seine Grenzen. Big-Data-Technologien versprechen, den neuen Anforderungen gerecht zu werden und bieten vielversprechende Ansätze, um das althergebrachte Data-Warehouse-Konzept zu erweitern und zu modernisieren."[7] Einer dieser Ansätze ist Hadoop, das seit 2008 überall dort Erfolg hat, wo große, unstrukturierte Datenmengen zu bewegen sind.[8] „[…], denn Hadloop sagt ganz klar, dass es darauf ausgelegt ist, große Datenmengen in geringer Zeit zu verarbeiten."[9]

---

[6] Hansen H., Mendling J., Neumann G., (2015), Seite 280
[7] http://www.computerwoche.de/a/hadoop-der-kleine-elefant-fuer-die-grossen-daten,2507037, Aufruf vom 28.07.2015
[8] http://www.heise.de/ix/artikel/Getrennt-marschieren-1919751.html, Aufruf 29.07.2015
[9] Freiknecht J., (2014), Seite 19

1.2. Problemstellung

Die Problemstellung geht aus dem im Kapitel 1.1 aufgeführten Problemen des Data Warehouse hervor, dass vor allem bei hohen unstrukturierten Daten sehr schnell an seine Leistungsfähigkeit stößt und dabei schlecht skaliert werden kann. Ein weiteres Problem entsteht bei der Suche nach den Einsatzmöglichkeiten der Hadoop Lösung, und der Feststellung, dass die bei Hadoop geschaffenen Ansätzen nicht einheitlich und vollständig in der Literatur dargestellt werden. Dies wiederum führt bei Projekten, und Erarbeitung von Lösungen zu Irritationen und unnötigen Kommunikationseinschränkungen. Aus diesen Gründen möchte diese Arbeit dazu beitragen, die verschiedenen Einsatzmöglichkeiten zu erläutern und mögliche Integrationen in ein Data Warehouse aufzeigen.

1.3. Ziel

Das Ziel dieser Arbeit ist es die Grundlagen der Hadoop Technologie darzustellen. Es wird die mögliche Erweiterbarkeit der Data Warehouse Architektur sowie die Einsatzmöglichkeiten durch Hadoop erläutert. Um in einem Fazit der Arbeit, die Hadoop Technologie und ihre Einsatzmöglichkeiten kritisch zu hinterfragen.

1.4. Vorgehensweise

In dieser Arbeit werden zuerst die Grundlagen der Hadoop-Technologie dargestellt. Danach werden die wichtigsten Einsatzmöglichkeiten der Hadoop-Technologie erläutert und begründet. Hiernach werden die Möglichkeiten erarbeitet wie die Data Warehouse Architektur mit der Hadoop – Technologie erweitert werden kann. Am Ende der Arbeit wird in einem Fazit die Hadoop kritisch reflektiert.

2. Grundlagen zu Hadoop

2.1. Technische Einführung Hadoop

Hadoop beginnt dort, wo das Data Warehouse System an seine Grenzen stößt. Denn Hadoop sagt ganz klar, dass es ausgelegt wurde um große Datenmengen in geringer Zeit zu verarbeiten.[10] Entwickelt wurde Hadoop von Herrn Doug Cutting, er extrahierte das verteilte Dateisystem (HDFS) und das MapReduce – Framework in ein eigens separates Framework.[11] Es ist ein freies, Java basiertes Open Source Framework für die Verarbeitung großer Datenmengen. „Technisch gesehen, ist Hadoop ein Java – Framework zum verteilten Speichern von Daten und zu derer parallelen Verarbeitung auf Commodity – Hardware."[12] Durch den Aufbau, kann Hadoop sehr granuliert skaliert werden und dabei können die Kosten durch Verwendung von unterschiedlicher Standard Server Hardware reduziert werden, noch dazu da es ein Open Source Produkt ist. "Ein Grund für die Beliebtheit von Hadoop ist einfach seine Wirtschaftlichkeit. Die Verarbeitung von großen, umfangreichen Datensätzen setzte bisher Supercomputer und andere teure und spezielle Hardware voraus."[13] „Es lässt sich horizontal von wenigen auf mehrere tausend Serverknoten skalieren, toleriert Serverausfälle, die in großen Serverfarmen als „Normalzustand" anzusehen sind, und sorgt für stabile Speicher und Analyseprozesse."[14] Die Anwendung Hadoop besteht aus mehreren Bestandteilen, hier aufgeführt werden die wichtigsten drei, das verteilte Dateisystem (HDFS) und das MapReduce – Framework, sowie Yarn.[15] „Wichtig ist zu wissen, dass Hadoop erst durch deren Zusammenspiel seine Stärke ausspielen kann."[16]

Allerdings sind Sie nicht voneinander abhängig, sondern können auch mit anderen Quellen zusammenarbeiten. Die große Effizienz mit der Hadoop mit

---

[10] Vgl. Freiknecht J., (2014), Seite 19
[11] Vgl. Wartala R., (2012), Seite 20
[12] Freiknecht J., (2014), Seite 20
[13] http://azure.microsoft.com/de-de/solutions/hadoop/, Aufruf vom 05.08.2015
[14] Dorsche J., (2015), Seite 279
[15] Vgl. Freiknecht J., (2014), Seite 20
[16] Freiknecht J., (2014), Seite 20

großen Datenmengen arbeitet, kommt vom Prinzip der Datenteilung, es wird der Programmcode auf alle Knoten verteilt. „Anders als wir es von traditionellen Anwendungen kennen, in denen die Daten dem Programm zur Verfügung gestellt werden, wird bei Hadoop der Programmcode auf dem Cluster verteilt, um die Notwendigkeit des Datentransports minimal zu halten."[17] Nur den zugewiesenen Bruchteil von den Eingabedaten, verarbeitet ein Knoten im Cluster. Dadurch entstehen zwar redundante Operationen, aber bei der Konsolidierung der Daten werden die Teilergebnisse verwendet die der schnellste Knoten im Cluster zurückliefert.[18]

2.1.1. Hadoop Distributed File System (HDFS)

Das Hadoop Distributed File System wurde aus dem von Google entworfenen GFS entwickelt. Es soll verschiedene Anforderungen erfüllen, wie den Betrieb auf Commodity-Hardware, die Ausfallsicherheit einzelner Knoten, Speicherung und Verarbeitung großer Datenmengen, sowie die einfache Skalierbarkeit.[19] „Statt auf kostspieligen Speichernetzwerken (Storage Attached Network, SAN) kann Hadoop auf kostengünstiger Standardhardware betrieben werden."[20] Es existieren zwei Arten, NameNode und DataNode, von Diensten, wobei der NameNode den einzigen Masterknoten (Dienst) darstellt. „Die NameNode realisiert einen zentralen Dienst, der alle Dateioperationen in Hadoop – Dateisystem kontrolliert und regelt."[21]

Im Gegensatz zu einem üblichen Dateisystem ist die normale Blockgröße beim HDFS 64 MB bis maximal 128 MB. Diese Blockgröße erklärt sich durch die gewünschte Eigenschaft zur Verarbeitung sehr großer Dateien.[22] „Erhält der Name-Node nun vom Client eine Datei, die im Dateisystem abgelegt werden soll, benötigt dieser zwei weitere Informationen: erstens die eben

---

[17] Freiknecht J., (2014), Seite 20
[18] Vgl. Freiknecht J., (2014), Seite 20
[19] Vgl. Freiknecht J., (2014), Seite 23
[20] Wartala R., (2012), Seite 23
[21] Wartala R., (2012), Seite 24
[22] Wartala R., (2012), Seite 24

genannte Blockgröße, in die er die Datei aufteilen soll, und zweitens die Anzahl der Repliken, die über den Cluster verteilt werden."[23] Der NameNode sucht so viele DataNote, wie repliziert (mindestens 3) werden heraus, übermittelt die Adressen an den anfordernden Client zurück. Würden bei der Verarbeitung eines datenintensiven Prozesses, zwei der DataNode ausfallen, erkennt dies der NameNode und die Datenverarbeitung wird auf dem verbleibenden DataNode ausgeführt.[24]

Die Hauptaufgabe von DataNode sind, die Verwaltung der einzelnen Dateisystem Blöcke, der Dateitransfer für Replikation der einzelnen Dateisystem Blöcke und das Bereitstellen von Zusatzinformationen für den NameNode.[25] Den DataNodes sind die Datei oder Verzeichnisnamen unbekannt, sie lesen und schreiben die Datenblöcke für den Client und replizieren ihre Daten eigenständig.

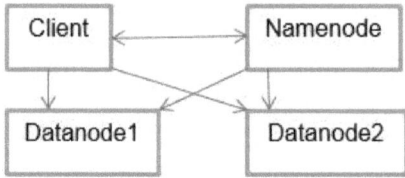

Abbildung 1: Hadoop-Dateisystem im Architektur-Schema (Eigene Darstellung)

„In der Regel laufen auf einer auch die jeweiligen MapReduce – Jobs, um möglichst nahe an den zu verarbeiteten Daten zu sein und möglichst wenige Daten über das Netzwerk verteilen zu müssen."[26] (Eigene Darstellung)

2.1.2. MapReduce

Bevor hier mit der technischen Erläuterung des MapReduce begonnen wird, soll der Begriff Framework erklärt werden. Ein Framework stellt ein Rahmen für ein Programm dar. „Ein Framework ist selbst jedoch kein fertiges

[23] Freiknecht J., (2014), Seite 22
[24] Wartala R., (2012), Seite 25
[25] Vgl. Wartala R., (2012), Seite 25
[26] Wartala R., (2012), Seite 26

Programm, sondern stellt den Rahmen (Frame) zur Verfügung, innerhalb dessen ein oder mehrere Programmierer eine Anwendung erstellen."[27] Hadoop verwendet MapReduce als Framework, das nicht nur Daten auf Festplatten verteilt, sondern ihnen komplexe rechnergestützte Anweisungen gibt.[28] Mit MapReduce wird der Vorgang der Datenanalyse abgebildet. Der MapReduce Prozess wird in drei Phasen, Map-Phase, Combine Phase oder Shuffel-Phase, Reduce-Phase, unterteilt. In der Map-Phase wird der gewünschte Index (ein numerischer, inkrementeller Wert, ein Datum, eine Zeichenfolge) festgelegt.[29] Dies geschieht während die Rohdaten entgegengenommen und ausgewertet werden. Am Ende dieses Vorganges, liegt eine Liste mit Schlüssel-Werte-Paaren vor, der Index stellt den Schlüssel und die zugehörigen Daten und die Wert dar.[30] Alle Map-Funktion sind unabhängig voneinander und werden auf einen Computer im Cluster aufgerufen. Das bedeutet, dass die Schlüssel-Werte-Paaren parallel und gleichzeitig bearbeitet werden.

2.1.3. Yarn (Yet another Resource Negotiator)

Yarn wurde erst in der Hadoop Version 2 integriert und ersetzt der JobTracker. Yarn verwaltet alle im Cluster verfügbaren Ressourcen wie CPU, RAM und HDD Speicher und stellt sie den Anwendungen zur Verfügung.[31] Damit wird möglich andere verteilte Typen von Programmen auf Hadoop auszuführen. Damit wurde ein weiteres Programmiermodel eingeführt.

---

[27] Steyer R., (2011), Seite 20
[28] Davenport T., (2010), Seite 120
[29] Vgl. Freiknecht J., (2014), Seite 42
[30] Vgl. Freiknecht J., (2014), Seite 42
[31] Vgl. Freiknecht J., (2014), Seite 25

3. Einsatzmöglichkeiten von Hadoop

3.1. Einleitung für Einsatzmöglichkeiten Hadoop

Die Einsatzmöglichkeiten von Hadoop sind sehr vielfältig, aus diesem Grund kann Hadoop in vielen Brachen eingesetzt werden. Das Einsatzgebiet von Hadoop umfassen vor allem die Bereiche mit großen semistrukturierten Datenmengen. Man kann sagen Hadoop besitzt folgende Attribute;

1. Bearbeitet sowohl strukturierte als auch unstrukturierte Daten
2. Obgleich, mit Schema oder ohne Schema.
3. Arbeitet mit großen Datenmengen
4. und allen Arten von analytischen Aspekten.
5. Ihre Kapazität ist skalierbar durch Hinzufügen und entfernen von Cluster
6. Das nutzt von Commodity Hardware, um so Kosten zu senken.

3.2. Data Staging

Staging bedeutet Bereitstellungsraum und ist ein Prozess der Informationsintegration, es werden Daten in einem Bereich temporär zwischengespeichert. Die Daten werden dort bereinigt und transformiert. Danach werden die Daten in die Zieldatenbank transportiert. „Hadoop ist eine ideale Staging-Plattform insbesondere für polystrukturierte Daten. Verarbeitungsschritte, die hier stattfinden, können den Workload auf dem relationalen Datenbanken-Management-System (RDBMS) reduzieren."[32] Hadoop kann sich als schnellere Option für die Aufnahme von Daten an bieten, ganz besonders bei Dateien in unterschiedlichsten Formaten, wie etwa Log-Dateien, JSON-Objekte, XML-Dokumente.[33] Das Staging bei Hadoop erfolgt persistent, damit bleiben Originaldaten in ihren originären Strukturen erhalten.[34]

---

[32] Dorschel J., (2015), Seite 276
[33] Vgl. Dorschel J., (2015), Seite 276
[34] Vgl. Dorschel J., (2015), Seite 276

3.3. Datenarchivierung

Auch zur Archivierung kann Hadoop eingesetzt werden. Allerdings muss hier beachtet werden, dass wenn das Staging auch über Hadoop, so muss innerhalb des Data Warehouses nur ein Housekeeping – Prozess implementiert werden, der die Daten löscht.[35]

3.4. Polystrukturierte Daten

Der Begriff polystrukturierte Daten bedeutet in diesem Kontext, strukturierte, unstrukturierte Daten und maschinengenerierte Daten z.B. Temperaturfüllerdaten. „Im Hadoop-System können polystrukturierte Daten abgelegt werden, ohne dass sie vorher in komplexen Transformationsprozessen aufbereitet werden müssen."[36] Es ist möglich Hadoop als ergänzende Persistenzschicht zur Speicherung dieser Daten einzusetzen.[37]

4. Integration von Hadoop in ein Data Warehouse

4.1. Integration von Hadoop in ein Data Warehouse

Hier stellt sich als erstes die Frage warum soll man in ein Data Warehouse Hadoop integrieren. Diese Frage lässt sich durch den Umgang mit der Datenbasis begründen. „Eines der wesentlichen Unterscheidungsmerkmale ist jedoch, dass ein Data Warehouse eine integrierte, dauerhafte Datenbasis für Reports und Analysen bildet und somit auch sorgfältige Planung, Entwurf und Betrieb erfordert."[38] Wie in Kapitel 3.1 angesprochen ist Hadoop mit der MapReduce Technik auf die Verarbeitung von nicht oder gering strukturierten Datenmengen ausgerichtet.

„Anstelle umfassender Datenmodellierung werden Datenextraktions- und -transformationsschritte implementiert. So bieten sich derartige Techniken als Ergänzung von Data Warehousing z.B. für die Implementierung von ETL-

---

[35] Vgl. Dorschel J., (2015), Seite 276
[36] Dorschel J., (2015), Seite 276
[37] Vgl. Dorschel J., (2015), Seite 276
[38] Köppen V., Saake G., Sattler K.-U., (2014), Seite 10

Prozessen oder die Analyse nicht-integrierter Datenbestände an."[39] Der ETL-Prozess (Extraktion Transformation Laden) kann eine aufwändige Aufgabe für ein Data Ware House darstellen, viele unterschiedliche Datenquellen mit einem großen Datengesamtvolumen und sowie die komplexe Konsolidierung um die Datenversorgung sicher zu stellen.[40] Wenn diese Aufgabe in Hadoop integriert wird, werden die Daten erst extrahiert und dann transformiert, um die Ergebnisse ins Data Warehouse laden zu können. Damit werden wichtige CPU-Zyklen und Speicherplatz im Data Warehouse frei für die wirklich wichtigen Funktionen, und zwar Analyse und Betrieb. Die Ergebnisse der Hadoop-Verarbeitung können im Data Warehouse abgelegt werden, während die organalen Daten nur im Hadoop-System existieren. Die Analyse der aufbereiteten Daten lässt sich mit allen Vorzügen einer Data Warehouse-Plattform durchführen. Es könnten viele entlastende Vorgänge, zur Entlastung vom Data Warehouse in Hadoop integriert werden. Die Darstellung würde aber den Rahmen dieser Arbeite übersteigen. Eine Integration in ein bestehendes System, kann als Standalone, Pseudodistributed oder Fully Distributed geschehen.

4.1.1. Standalone

Bei einer Standalone Integration von Hadoop auf einem Server, läuft ein einzelner Java-Prozess auf einer einzigen Maschine.[41] Von Apache wird diese Konfiguration lediglich für Entwicklungs- und Debugging-Zwecke zu verwenden empfohlen.[42] „Hadoop ist nach dem Entpacken bereits fertig für den Standalone-Modus konfiguriert."[43]

4.1.2. Pseudodistributed

Wie beim Standaloneverfahren wird Hadoop auf einer einzelnen Maschine eingerichtet aber jeder Hadoop-Daemon läuft in einem eigenen Java-

---

[39] Köppen V., Saake G., Sattler K.-U., (2014), Seite 11
[40] Vgl. Gomez j. M., Rautenstrauch C., Cissek P., Grahlher B., (2014), Seite 22
[41] Vgl. Freiknecht J., (2014), Seite 27
[42] Vgl. Freiknecht J., (2014), Seite 27
[43] Freiknecht J., (2014), Seite 27

Prozess.[44] "Durch das Aufsetzen eines Pseudo-Distributed-Clusters können Konfigurationen erprobt und das gesamte Setup der Hadoop-Instanz getestet werden."[45]

4.1.3. Fully Distributed

Hier werden die volle Wirkungsfähigkeit von Hadoop genutzt, es werden beliebig viele Cluster gebildet. „Ein Fully-Distributed-Setup wird in Produktionsumgebungen eingesetzt."[46]

5. Fazit

Dieses Assignment ist eine reine Literaturarbeit, hierdurch fehlt der praktische Bezug zu dieser Technologie. Leider konnten innerhalb dieser Arbeit nicht alle Gesichtspunkte von Hadoop dargestellt werden. Denn während der Erstellung dieser Arbeit zeigte sich, das Hadoop ein sehr großes Themengebiet darstellt, welches hier auf Grund der Kürze der Arbeit nur in groben Zügen umrissen werden kann. Denn Hadoop ist, wenn mehrere oder alle Komponenten eingesetzt werden, als überaus komplex zu bezeichnen. Denn noch steht die Entwicklung im Bereich der verteilten, SQL und Map-Reduce kombinierenden Analysesysteme am Anfang. Neue Frameworks wie YARN ergänzen das auf Batch-Verarbeitung ausgelegte Map-Reduce von Hadoop.[47] Im Lauf der Entwicklung von Hadoop, sind immer mehr neue Komponenten dazugekommen.

Aber hierin offenbart sich ein Nachteil für die Unternehmen, denn nicht nur welche dieser Komponenten in Betracht gezogen werden, sondern auch ob überhaupt die Komponente bzw. Hadoop, die passende Lösung darstellt, muss im Vorfeld geklärt werden. Dieses Problem verstärkt sich für die Unternehmen durch die stetige Weiterentwicklung von Hadoop und seinen Komponenten. „[...], denn in keiner anderen Sparte der

---

[44] Vgl. Freiknecht J., (2014), Seite 27
[45] Freiknecht J., (2014), Seite 27
[46] Freiknecht J., (2014), Seite 27
[47] http://www.heise.de/ix/artikel/Getrennt-marschieren-1919751.html, Aufruf 29.07.2015

Informationstechnologie ist die Software derzeit so kurzlebig wie im Big-Data-Umfeld."[48] Durch die hohe Komplexität von Hadoop muss außerdem sichergestellt werden, dass genügend Spezialisten vorhanden sind, die die technischen Aspekte und die Konzepterstellung von Hadoop umsetzen können. Ein weiteres Problem offenbart sich bei der Fehlersuche. „Fehler in verteilten Anwendungen zu finden, egal ob sie in Form eines Map-Reduce-Jobs oder einer YARN-Anwendung geschrieben wurden, erfordern eine gewisse Einarbeitungszeit und ein wenig mehr Übersicht."[49] Auch wenn es sich um eine freie Java Software handelt, entstehen durch die hohe Komplexität von Hadoop und die zu kalkulierende lange Einarbeitungszeit beim Aufbau und dem Betrieb der Hadoop –Cluster hohe Kosten. „In der Praxis haben sich Open Source- Technologien wie Hadoop zu einer Art Standard für die Verarbeitungsplattform von Big Data entwickelt. Dennoch sollte man Hadoop nicht als ultimative Lösung für eine Plattforminfrastruktur von Big Data verstehen."[50]

---

[48] Freiknecht J., (2014), Seite 407
[49] Freiknecht J., (2014), Seite 153
[50] Davenport T., (2010), Seite 119

6. Quellenangaben

6.1. Onlinequellen

IDG Business Media GmbH   http://www.computerwoche.de/a/hadoop-der-kleine-elefant-fuer-die-grossen-daten,2507037, Aufruf 28.07.2015, Hadoop - der kleine Elefant für die großen Daten

Heise Verlag   http://www.heise.de/ix/artikel/Getrennt-marschieren-1919751.html, Aufruf 29.07.2015, Realtime SQL mit Hadoop Getrennt marschieren

Microsoft
http://azure.microsoft.com/de-de/solutions/hadoop/, Aufruf 05.08.2015, Hadoop Was ist Hadoop?

6.2. Literaturverzeichnis

Frank Geisler. 2014. *Datenbanken Grundlagen und Design.* [Hrsg.] Hüthig Jehle Rehm GmbH. Heidelberg, München, : mitp, 2014. Bd. 5 aktualisiert und erweiterte Auflage.

Hans Robert Hansen, Jan Mendling, Gustaf Neumann. 2015. *Wirtschafts-Informatik.* [Hrsg.] Walter de Gruyter GmbH. Berlin, München, Bosten : Walter de Gruyter GmbH , 2015.

Joachim Dorsche. 2015. *Praxishandbuch Big Data.* [Hrsg.] Joachim Dorschel. Wiesbaden : Springer Gabler, 2015.

Jonas Freiknecht. 2014. *BIG DATA in der Praxis.* [Hrsg.] Carl Hanser Verlag. München : Carl Hanser Verlag, 2014.

Jorge Marx Gomez, Claus Rautenstrauch, Peter Cissek, Björn Grahlher. 2006. *Einführung in SAP Business Information Warehouse.* Berlin, Heidelberg : Springer Verlag, 2006.

Prof. Dr.Andreas Seufert, Prof. Dr. Peter Lehmann. *Business Intelligence.* [Hrsg.] AKAD Bildungsgesellschaft mbH. Stuttgart : AKAD Bildungsgesellschaft mbH.

Ramon Wartala. 2012. *Hadoop.* [Hrsg.] Open Source Press. München : Open Source Press, 2012.

Richard Lenz, Ulrich Hasenkamp, Wilhelm Hasselbring, Manfred Reichert. 2005. *EAI-Workshop 2005 Enterprise Application Integration.* [Hrsg.] GITO-Verlag. Berlin : GITO-Verlag, 2005.

Rolf Steyer. 2011. *Das JavaScript-Framework für interaktives Design.* [Hrsg.] Addison.Wesley Verlag. München : Addison.Wesley Verlag, 2011.

Thomas Davenport. 2010. *bigdata @work.* [Übers.] Petra Paulus. München : Verlag Franz Vahlen, 2010.

Veit Köppen, Gunter Saake, Kai-Uwe Sattler. 2014. *Data Warehouse Technologien.* Heidelberg, München, Landsberg, Freschen, Hamburg : mitp Verlagsgruppe Hüthig Jehle Rehm GmbH, 2014. Bd. 2.